编 委 会

主　　审： 邓筱玲

主　　编： 邓卓建

副 主 编： 英　俊

参编人员： 邓卓建　蒲鼎新　冷亚伟　郑晓鹏　曾淑文　詹益生　林丽清　孔伟萍　吴　浩　陈晓燕

电子商务专业“理实一体化”系列教材

电子商务企业文化

DIANZI SHAGNWU QIYE WENHUA

邓卓建 ◎ 主编　英 俊 ◎ 副主编　邓筱玲 ◎ 主审

暨南大學出版社
JINAN UNIVERSITY PRESS
中国·广州

图书在版编目（CIP）数据

电子商务企业文化/邓卓建主编；英俊副主编．—广州：暨南大学出版社，2015.9（2018.8重印）
（电子商务专业“理实一体化”系列教材）
ISBN 978-7-5668-1595-8

Ⅰ.①电… Ⅱ.①邓…②英… Ⅲ.①电子商务—商业企业—企业文化 Ⅳ.①F713.36

中国版本图书馆CIP数据核字（2015）第193304号

电子商务企业文化
DIANZI SHANGWU QIYE WENHUA
主　编：邓卓建　副主编：英　俊

出 版 人：徐义雄
责任编辑：刘碧坚
责任校对：姚荇姝
责任印制：汤慧君　周一丹

出版发行：暨南大学出版社（510630）
电　　话：总编室（8620）85221601
　　　　　营销部（8620）85225284　85228291　85228292（邮购）
传　　真：（8620）85221583（办公室）　85223774（营销部）
网　　址：http://www.jnupress.com
排　　版：广州市天河星辰文化发展部照排中心
印　　刷：佛山市浩文彩色印刷有限公司
开　　本：787mm×1092mm　1/16
印　　张：5.75
字　　数：132
版　　次：2015年9第1版
印　　次：2018年8月第3次
定　　价：18.00元

（暨大版图书如有印装质量问题，请与出版社总编室联系调换）

前　言

《电子商务企业文化》一书是中等职业学校电子商务专业人才培养中不可缺少的教材。它针对现在电商发展的趋势，紧跟时代发展的特点，结合电商人才就业、创业过程中所遇到的困惑和问题，提出了一系列的措施和方案，特别适合技能型人才培养的需要。它全面介绍了电子商务团队建设的相关知识，提出了电商的文化特点和发展方向，归纳了电商企业发展的重要因素：团队、沟通、创造力和激励机制等，是中职学校培养电商人才的好教材。

本教材是我校电子商务企业文化编写团队集体努力工作的成果，由邓卓建、邓筱玲、蒲鼎新、冷亚伟、郑晓鹏、曾淑文、詹益生、林丽清、孔伟萍、吴浩、陈晓燕、英俊共同主持编写工作。具体编写分工：邓卓建、郑晓鹏负责第一章的编写，曾淑文、陈晓燕负责第二章的编写，詹益生负责第三章的编写，林丽清、吴浩负责第四章的编写，孔伟萍负责第五章的编写，蒲鼎新、冷亚伟、郑晓鹏负责整本书的材料的提供，英俊负责整本教材的视频和相片的拍摄，邓筱玲对全书进行统稿和审读。

教材内容理论联系实践、图文并茂、深入浅出，教材编写过程中，亚洲陶瓷有限公司、家商城有限公司、莱司依服饰（网络科技）有限公司对本书的编写工作给予大力支持并提出了宝贵的意见，充分体现了校企合作、工学结合、理实一体化，任务引领和项目课程等当今最新课改成果的核心思想。本书可作为中等职业学校电子商务及相关专业学生学习网店运营课程的教材，也可作为社会网店运营培训的教材，还可供网络创业者阅读参考。本书还得到中山大学教师纳赛尔的指导，在此一并表示衷心感谢！

编　者

2015 年 7 月 15 日

目　录

第一章　电商企业文化

一、情景剧场

1.（一学生初进电商专业的迷惑）有个2013级的同学被某职业技术学校录取，读的是电子商务专业，他提出了自己的迷惑：“老师，电子商务专业是不是玩电脑的？我中考没考好，父母让我读这个专业，是因为我平时喜欢打电脑游戏。”

思考：电子商务专业是学什么的呢？什么叫电子商务？

____

____

____

____

2. 电子商务专业的一个学生干部在执勤，老师表扬他工作认真、主动。这个学生干部嘿嘿坏笑，对老师说："老师，实话告诉你，执勤是因为我不想坐在教室里发呆，晚修课没事干，坐在教室太无聊。电子商务专业课后没作业，闲得发慌。"

思考：电子商务专业不用做作业？

____

____

____

____

二、教学任务

序号	课时数	教学任务（共三次课）
1	2	懂得电商的含义，知道电商的基本理论。提升团队士气，树立勇争第一的良好习惯
2	2	爱上电商专业，树立专业意识。让学生知道电商企业的企业文化核心
3	2	学好专业知识，设计自身的发展目标。就读电子商务专业，就是电商职场的开始，也是人生创业的第一步

三、电商小知识

（一）什么叫电子商务

电子商务（Electronic Commerce），简称"电商"，是指用电子方式来进行商贸活动。电子商务利用多种电子通信方式，进行各种商贸活动，买卖双方可以不谋面。现在人们所探讨的电子商务主要是通过 EDI（Electronic Data Interchange，电子数据交换）和 Internet 来完成的。尤其是随着 Internet 技术的日益成熟，电子商务真正的发展将是建立在 Internet 技术上的，所以也有人把电子商务简称为 IC（Internet Commerce）。

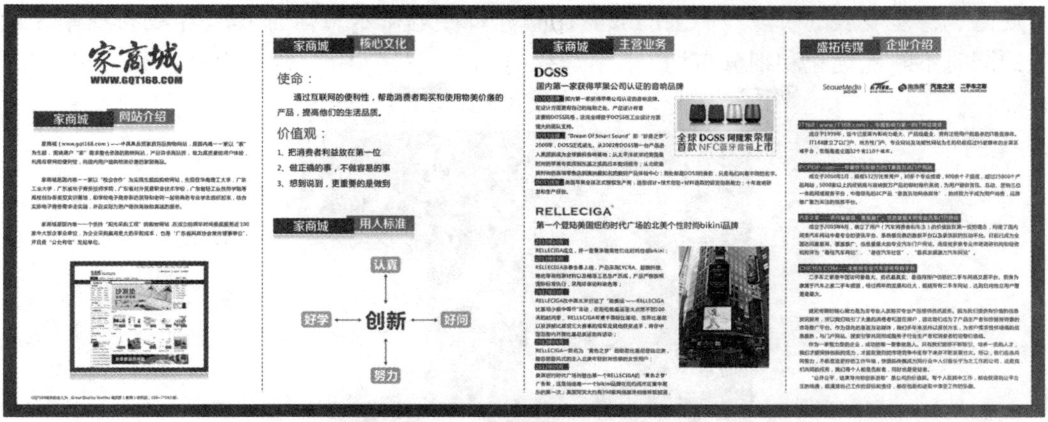

（二）电商的发展情况

20 世纪 70 年代，EDI 出现并用于商务活动中，电子商务雏形产生。至 20 世纪 90 年代，由于国际互联网（Internet）的迅猛发展，电子商务得到快速发展并日渐成熟。

纵观全球电子商务市场，各地区的发展并不平衡，呈现出美国、欧盟、亚洲“三足鼎立”的局面。美国是世界上最早发展电子商务的国家，同时也是电子商务发展最为成熟的国家，一直引领着全球电子商务的发展。欧盟电子商务的起步较美国晚，但发展速度快，成为全球电子商务较为领先的地区。亚洲作为电子商务发展的新秀，市场潜力较大，但近年来的发展速度和所占份额并不理想，是全球电子商务的持续发展地区。

（三）中国电商发展前景

1. 中国电子商务发展经历的三个阶段：

（1）1999—2002 年萌芽阶段：在这个阶段，中国的网民数量和今天相比实在是少得可怜，2000 年年中公布的统计数据显示，中国网民仅 1 000 万。而且在这个阶段，网民的网络生活方式还仅仅停留于电子邮件和新闻浏览的阶段。网民和市场尚未成熟。

（2）2003—2006 年高速增长阶段：当当、卓越、阿里巴巴、淘宝，这几个响当当的名字成了互联网江湖里的热点。这个阶段对电子商务来说最大的变化有三个：首先，大批的网民逐步接受了网络购物的生活方式，且规模高速扩张。其次，众多的中小型企业从 B2B 电子商务中获得了订单，获得了销售机会，“网商”的概念深入商家之心。最后，电子商务基础环境不断成熟，物流、支付、诚信瓶颈得到基本解决，在 B2B/B2C/C2C 领域里，都有不少的网络商家迅速成长，积累了大量的电子商务运营管理经验和资金。

（3）2007—2010 年电子商务纵深发展阶段：这个阶段最明显的特征就是电子商务已经不仅仅是互联网企业的天下。阿里巴巴、网盛的上市标志着 B2B 领域的发展步入了规范、稳步发展的阶段；淘宝的战略调整和百度的试水意味着 C2C 市场将在高速发展的同时不断地优化和细分市场。

2007—2010 年，中国电子商务的发展达到新的高度，虽然并未颠覆人们的生活习惯，但我们可以看到一个现实社会与虚拟社会不断融合发展的新时代。

2. 未来中国电子商务发展情况：

我们可以预言，由传统企业延伸而来的电子商务公司和在互联网中成长起来的中小网商将会是未来中国电子商务发展的核心力量。

（1）对于 B2B 电子商务平台来说，承载其盈利模式的 90% 以上都是中小型企业。随着 B2B 领域的竞争格局暂时趋于稳定，其规模扩张将会降温，取而代之的是结构优化和业务深挖。

（2）在 C2C 领域，随着 B2C 的进一步发展以及市场管理的日益规范，纯 C2C 交易规模的增长速度也会放缓。

（3）在 B2C 领域，随着传统企业的资金涌入，会获得高速发展。而且，拥有独立品牌、优势货源、良好口碑、服务完善的各行业 B2C 商家会为整个电子商务领域带来前所未有的、百花齐放的盛况。

电子商务作为现代服务业中的重要产业，有“朝阳产业”“绿色产业”之称，具有“三高”“三新”的特点。“三高”即高人力资本含量、高技术含量和高附加价值；“三新”是指新技术、新业态、新方式。人流、物流、资金流、信息流“四流合一”是对电子商务核心价值链的概括。电子商务产业具有市场全球化、交易连续化、成本低廉化、资源集约化等优势。

（四）什么叫电商企业文化

电商企业文化是指电子商务企业面对所处的现实环境，在长期的生产经营活动中，逐步形成的电商企业全体员工所接受和认同的、信守的、为争取事业成功的一套潜在规则。它能展示出企业的管理理念以及企业通过管理要达到的目标。电商企业文化，也可以理解为一个企业中的各个部门所共同拥有的那些价值观念和经营实践，是电商企业创造的具有自身特点的物质文化和精神文化。

这里我们以网龙企业的企业文化为例进行说明。“快乐、学习、创新、真诚”是网龙企业文化的DNA，面对新的发展机遇，网龙秉持“人才发展”和“给顾客快乐体验”两大战略目标，不断探索创新，用快乐颠覆生活，打造员工、用户和合作伙伴共同分享的梦想天地。

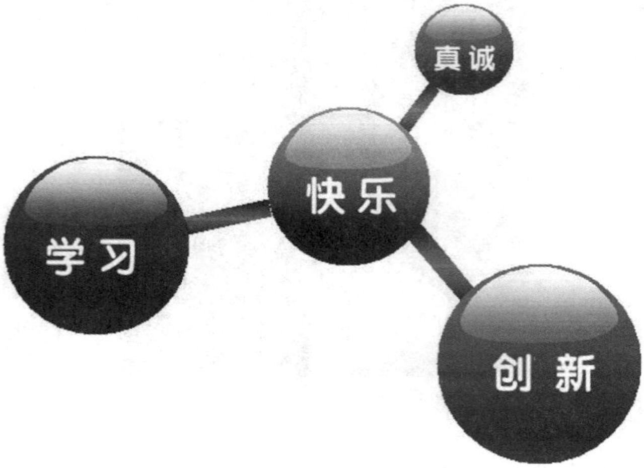

（五）电商企业文化的特征

1. 领先性。

电商企业是现今行业发展中的新兴行业，统领着社会发展的潮流。其企业文化也是社会各行各业中具有年轻性和创新性的，在一定的层面上，代表一个社会发展的方向。

2. 独特性。

电商企业文化不同于其他行业的文化，它是由电商企业发展历史沉淀下来的独特的文化，具有鲜明的个性和特色，是由电商企业独特的生产经营管理特点、企业的发展方向、发展目标、企业员工素质以及内外环境不同所决定的。

3. 人本性。

电商企业文化是一种体现人文主义、以人为本的文化，它强调企业的精神和文化。其在理解人、尊重人、关心人的基础上，强调团队的作用，它注重人的选择、创新、个性，突出理想、道德、价值观、行为规范在企业管理中的核心作用，它注重人的全面发展，用愿景鼓舞人，用精神凝聚人，用机制激励人，用环境培育人。

4. 团队性。

有人说，电商企业文化，就是英雄加团队的文化。当今电商企业的发展，靠单打独斗已经难以适应形势发展的要求，必须靠团队的力量，来共同完成同一项使命。

（六）创建电商企业文化的意义

1. 电商企业发展的动力。

创建良好的电商企业文化，可以激发员工的使命感，它是全体员工的工作目标和方向，是企业不断发展和前进的动力之源。

2. 让员工体会到成就感。

企业的发展与公司员工的生存息息相关，企业繁荣了，员工们也会跟着受益，员工会以企业为豪，更积极努力地进取，同时更有归属感。

3. 加强员工的团结。

电商企业文化可以通过管理人员给全体员工灌输责任意识、危机意识和团队意识，让大家清楚地认识到企业是全体员工共同的企业，必须加强团结，树立稳固的团队意识。

4. 引导员工不断创新。

创新，是电商企业的新鲜血液，电商企业的发展在于不断地创新，每个人都要在自己的工作岗位上开拓前进，多作贡献，多出成绩。

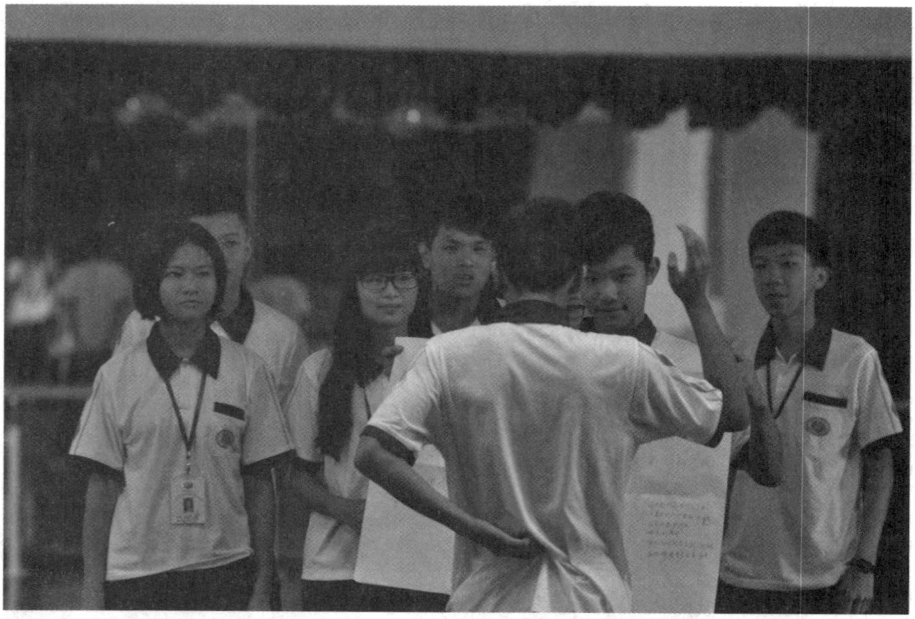

（七）电商企业文化的主要类型

1. 目标型电商企业文化。

这也是一种实用型的企业文化，有明确的目标。这种文化注重结果，鼓励内部竞争、创新和冒险。其为实现目标不惧艰难险阻，推崇强人文化、攻坚文化。

2. 过程型电商企业文化。

这种电商企业文化特点是尽情享受工作过程中的快乐，工作与娱乐并重。

3. 孤注一掷型电商企业文化。

把企业经营管理看成一次赌注，强调不成功则成仁，富有冒险精神，注重激励。

4. 创新型电商企业文化。

电商企业文化注重电商的产业特点，重组织，追求革新，强调创新在电商企业中的作用。

四、经典案例

广州莱司依网络科技有限公司

该公司成立于2013年，创始人郑晓鹏。公司拥有优质的货源、强大的技术和优秀的营销团队，建立了完善的专业化、一体化的企业服务体系，通过互联网B2C和B2B的销售模式，本着“诚信共赢，客户至上”的经营理念，为全球各地提供最优质的外贸货源，以期与客户建立起长期共赢的合作关系。致力于打造国内外最大的网上外贸品牌服饰分销平台。

莱司依愿景：创建中国最有幸福感的企业，共同走向小康社会，快乐赚钱，幸福生活！

莱司依使命：打造最大的外贸服饰分销平台！

莱司依口号：势不可挡，顺势而上；从能力到能量，让有价值的人富裕起来！

莱司依种子：真心、付出、感恩、利他！

莱司依价值观：客户第一、团队、创新、诚信、激情、敬业！

家商城

家商城成立于2011年2月28日，创始人冷亚伟。家商城主营收纳防潮用品、床上用品、沙发垫、毛巾浴巾、桌布、桌旗、厨房用品、浴室用品等家居用品，是高品质家居用品的购物网站。家商城以“家”为主题，围绕用户“家”需求整合资源，产品讲求高品质，致力于高质量的用户体验，利用互联网的便利性，向全球用户提供物美价廉的家居商品。家商城是一家以校企合作为主题的电子商务公司，同时也是致力于推动校企合作的互联网公司。

家商城是以产品为核心的互联网品牌，其重视人才的建设，以人为本，着重打造过硬的团队。其愿景是通过互联网的便利性帮助全球用户购买物美价廉的中国商品。

北京小米科技有限责任公司

小米公司正式成立于2010年4月，创始人雷军。2014年拥有员工人数约7 000人，2014年市值450亿美元。公司口号：小米为发烧而生。小米公司是一家专注于智能产品自主研发的移动互联网公司，首创了用互联网开发手机操作系统、发烧友参与开发改进的模式。

小米的企业文化：

小米没有森严的等级，每一位员工都是平等的，每一位同事都是自己的伙伴。

小米崇尚创新、快速的互联网文化。

小米讨厌冗长的会议和流程，在轻松的伙伴式工作氛围中发挥自己的创意。

小米相信用户就是驱动力，坚持“为发烧而生”的产品理念。

（资料来源：北京小米科技有限责任公司，百度百科.）

五、拓展游戏

（一）蒙眼接龙

1. 游戏目的。

（1）增强团队意识，加强团队观念；

（2）加强队员沟通，畅通沟通途径；

（3）提高工作的专注力；

（4）认识到一个团队缺少任何一个人都不行；

（5）初步懂得当“头”的重要性和压力；

（6）明白一个团队的方向的重要性。

2. 培训效果。

让团队里的每一位成员充分认识到团队意识的重要性，不能观望，不能缺乏积极性，都要全身心参与。此外，队伍一头一尾很重要。

3. 游戏设计。

选出三个队，每队十人。十个人排成一列，后面的同学两只手搭在前面同学的肩膀上，全队除了最后一个同学，其他同学全部带上眼罩，最后一个同学负责指挥全队同学。队员之间靠手的连接沟通。全队不许说话，不准发出任何声音。在预设的路途中看哪个队先到达目的地。沿途可设置一些障碍、台阶、转弯等。

（二）木桶测验

1. 游戏目的。
（1）激发潜能，提升业绩；
（2）让员工每天处于巅峰状态；
（3）让员工每天保持正面心态；
（4）提高员工整体素质；
（5）结交更优质的人脉；
（6）提升团队凝聚力；
（7）乐在工作，增加收入；
（8）拥有超强说服力；
（9）快速提升业绩，达成目标；
（10）用问的方式快速成交，让员工懂得感恩；
（11）了解总裁如何进行公众演说；
（12）正确定位自己；
（13）建立自信，找到好工作等。

2. 培训效果。

这一部分的内容能够激励人克服心理障碍，增强行动力；在短时间内提升业绩；增强团队精神、合作意识和贡献意识，让众多的管理人员能以身作则与员工保持良好的关系，配合公司达成整体目标，甚至超越目标。

3. 游戏设计。

问题：下面有十个问题，除了第一道题外，每题都有三个不同容量且没有刻度的水桶（A、B、C）。请问：如何用这些水桶来求得 D 的水量？

举例：答案　D = B − A − 2C。

规则：依次作答，必须完成每题后才能做下一道题。

例题：	21	127	3	D = B − A − 2C = 100
问题：	A	B	C	D
(1)	14	50	5	(　　)；
(2)	18	43	10	(　　)；
(3)	20	59	4	(　　)；
(4)	2	11	4	(　　)；
(5)	9	42	6	(　　)；
(6)	5	28	3	(　　)；
(7)	23	49	3	(　　)；
(8)	28	76	3	(　　)；
(9)	14	38	6	(　　)；
(10)	14	36	8	(　　)。

六、电商企业文化

令旗一竖，三军奋勇争先

令旗一放，三军撤退阵脚不乱

我们要竖起一面大旗，在旗帜上明确地

写着我们要干什么，我们打算怎么干

愿意跟我们一起干的，
就请站到旗下来

不愿意和我们一起干的，
就请你站得远一点

七、电商企业文化训练计划

认识唐僧师徒四人的性格特点，他们分别是四大性格的典型代表。同时，他们又是一个强大而高效的团队，彼此性格刚好形成互补，在西行路上披荆斩棘，降魔除妖，取得真经。

把全班同学分成若干个团队，对团队中的每一位成员进行分工，规定各自的职责和任务，建立自己的团队专栏，在专栏上确定以下六大内容：

（1）团队名字。
（2）团队成员。
（3）团队商标。
（4）团队口号。
（5）团队精神。
（6）团队文化。

以团队为单位，确定每个人的性格颜色，认准各自的性格定位，并对全队同学进行细致的分工，进行各种竞赛，训练同学们的团队沟通能力，提高配合度，加强团队意识。

【思考与训练】

一、评价反馈

请根据今天所学的内容，填写如下的表格：

课堂整体评价表

活动内容：学习电子商务企业文化
活动时间：15 分钟
活动形式：分组基础上进行综合评价

评价人：

序号	评价内容	自我评价			集体评价			教师评价		
		好	一般	差	好	一般	差	好	一般	差
1	课前是否做好预习准备									
2	能否初步懂得电子商务企业文化的基本内容									
3	了解电子商务的前景和为什么要学习电子商务企业文化									
4	能对自己本组同学进行分工协作									
5	小组活动内容丰富									
6	学习效果									
总结评语										

二、动手做

1. 通过网络搜索关于电子商务企业文化的资料，了解其概念和发展。

2. 分组讨论电子商务企业文化的特征，并整理出来。

三、简答题

1. 我国电子商务企业文化的发展经历了几个阶段？

2. 对企业来说，电子商务企业文化有什么意义？

3. 如何创建电子商务企业文化？

第二章　团队建设

一、情景剧场

金凤商贸有限公司是一家主营纸尿裤、湿巾等产品的电商企业，在淘宝、京东的母婴类产品销售额中均名列前茅。2014 年 8 月，公司要求推广部门制定“双十一”期间线上推广方案。

推广部门指定由“屠龙刀”与“三剑客”两个团队负责推广方案，限期一个月内完成并实施推广，以销售额作为本季度员工绩效考核的主要参考指标。

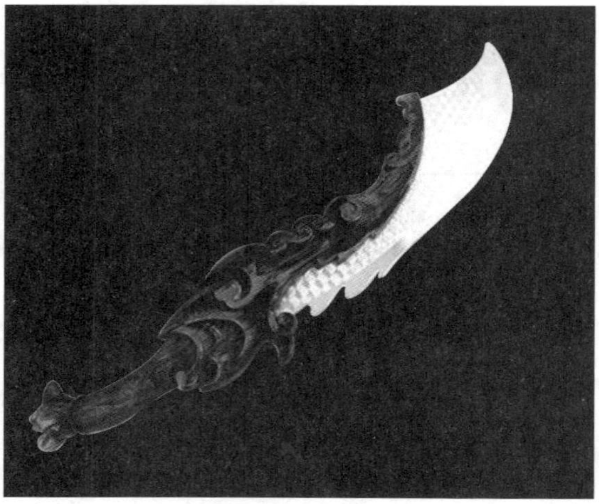

这两个团队各有三名成员。“屠龙刀”团队成员的个人能力都很强。“三剑客”团队成员的能力虽然各有优点，但参差不齐，个人能力与“屠龙刀”团队的成员相比有明显差距。公司领导一致看好“屠龙刀”团队。

任务下达后，两个团队各自召开了会议。“屠龙刀”团队的三名成员在会议上讨论得很激烈，各有想法，互不相让，最终决定各行其道，各自制定方案并进行推广。但由于时间有限，成员们每天为撰写自己的推广方案忙得焦头烂额，最后制定出来的三套推广方案都不尽如人意。

在“三剑客”团队中，成员深知自己的个人能力不占优势，常以“个体作战就是对方胜，团队作战就是我们赢”这句话鼓舞自己，相互间的信任度与配合度相当高。对于此次任务，队长钟慧统领全局，团队成员共同确定推广方案的设计方向，再按成员的能力特长进行明确分工。擅长管理、沟通的组长钟慧负责统筹安排、市场调查和网络调查；擅长电脑操作，细心、严谨的陈婷娜负责数据分析和方案中的图形处理；

思维活跃、擅长软文推广的李乐负责推广方案的编撰和发布。通过多次对推广方案的讨论和完善，综合各成员的专业意见，最终制定出让全队成员较为满意的推广方案。

11 月底，公司总结会上的数据分析显示：实施两个团队的推广方案后，“三剑客”团队“双十一”的销售额优于“屠龙刀”团队 10%。公司领导对此结果感到诧异。

思考：结合上述情景，试说明为什么团队工作的绩效往往大于个人的绩效？团队合作是否重要？“三剑客”团队为什么能成为赢家？

____

____

____

____

二、教学任务

序号	课时数	教学任务（共三次课）
1	2	探讨团队、团队建设的含义，了解团队的含义及团队建设的重要性。分团队（5～10 人）策划一次团队活动方案，通过 PPT 展示并进行方案陈述。可以策划到周边的一个景点旅游，也可以选择近期的一个热点话题对校园里的学生进行随机访问等，利用课余时间开展团队活动，团队成员用相机或手机拍摄团队活动过程。要求活动主题明确，内容必须坚持正方向、正能量
2	2	学习电商企业文化，将团队活动过程的照片匹配文字，通过板报设计、微信号或“兔展”在线制作工具等方式，展现独特的团队文化
3	2	回顾团队活动，每位队员分享活动过程中的感受，运用团队建设的知识分析并总结：目标是否明确清晰，领导是否得力，分工是否合理，队员是否团结、服从指令，任务完成情况是否达到预期目标

三、电商小知识

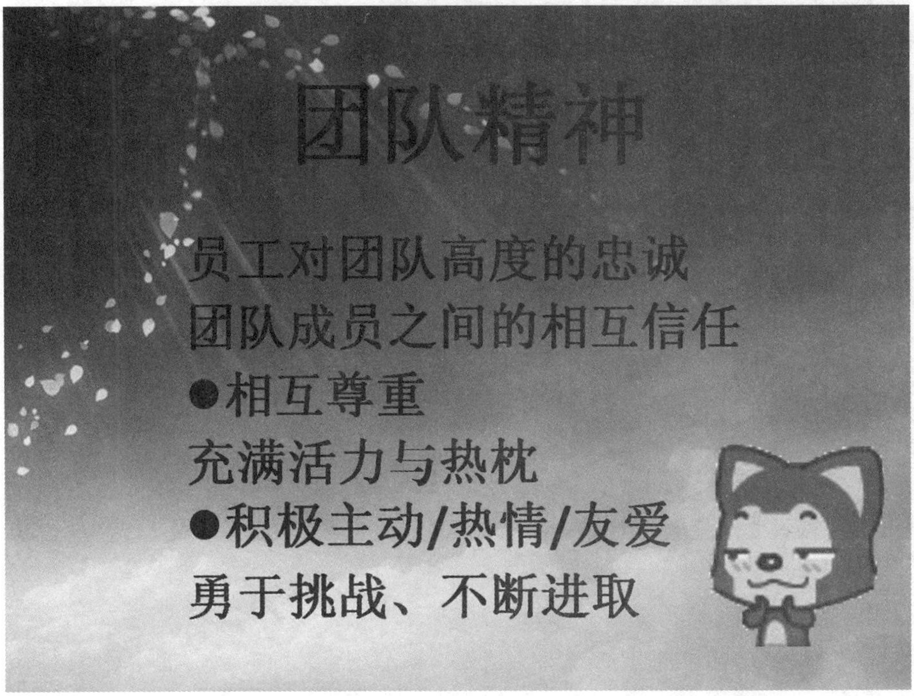

（一）团队

团队是指为了实现某一共同目标而由相互协作的个体所组成的正式群体。是由基层和管理层组成的一个共同体，它合理利用每一个成员的知识和技能协同工作，解决问题，达到共同的目标。

（二）团队建设

团队建设是在企业管理中有计划、有目的、有步骤地组建团队，并对其成员进行训练、总结、提高的活动。

（三）团队合作

团队合作是一种为达到既定目标所显现出来的资源共享和协同合作的过程，它可以调动团队成员的所有资源与才智，并自动驱除所有不和谐、不公正的现象。对表现突出者及时予以奖励，可使团队合作产生一股强大而持久的力量。

（四）如何培养团队意识

团队意识是指两个及以上的队员齐心协力为完成团队目标而共同努力的整体配合意识。

可以从以下八个方面培养团队意识：

1. 破冰。

现代人之间常常像隔着一堵冷冰冰的墙，冷漠且缺乏信任。破冰可以吸引人的注意力，让其不被潜在意识影响，把人与人之间的间隔消除，达到团队融合，离开怀疑，猜忌，疏远。破冰过程：自我介绍（获得基本了解）→组织配合度高的 5 ~ 10 分钟的小游戏、小活动（打消冷漠，获取信任，实现破冰）。

2. 组建团队。

6 ~ 8 人组建成一个团队，发放纸笔，进行团队讨论，写下队名、设计队标、团队口号，营造各具特色的团队文化。

3. 性格互补。

制定、发放《职业性格测试表》给团队成员填写，团队宣读测试结果，进一步通过自我评价与他人评价全方位地了解每位成员的性格，共同讨论分析成员间的性格以及如何实现互补。

4. 角色分工。

制定、发放《职业能力测量表》给团队成员填写，团队宣读测量分析，进一步通过自我评价与他人评价全方位地了解每位成员的能力优势，明确团队成员的角色分工。

5. 拓展活动。

组织参加户外拓展活动，拍摄活动过程，回忆美好片断，总结活动得失，增强团队归属感。

6. 竞争。

竞争分为团队内部与外部竞争。

（1）内部竞争：团队组建一段时间后，评估成员各自的工作效果。重新竞选所有职位。

（2）外部竞争：分发同一任务给不同团队限期完成，最后量化分析竞争结果。

7. 激励。

制定团队激励口号，时刻激励成员团结一心，努力进取；制定制度，对完成任务较出色的成员予以表彰或相应的奖励。

8. 淘汰。

通过游戏、竞赛等活动，采取末位淘汰方式进行淘汰，唤醒团队成员危机感，进一步激发成员的进取心。

（五）团队的类型

1. 团队类型。

根据团队存在的目的和拥有自主权的大小，可将团队分成四种类型：

（1）问题解决型团队：针对如何提高生产质量、生产效率和改善企业工作环境等问题，互相交流或提供建议。

（2）自我管理型团队：这是一种真正独立自主的团队，由 10～15 人组成，能自主探讨、自主执行方案并对工作承担全部责任。

（3）多功能型团队：由企业中来自同一层级、不同工作领域的员工组成。

（4）虚拟型团队：是指一群分散在不同地方的人为了完成共同的目标和任务而产生的“网上”团队。

2. 高绩效团队的特征。

（1）团队一致的工作目标；

（2）成员之间的相互信任；

（3）具备完善有效的管理制度；

（4）具备长效的激励、培训机制；

（5）成员具备完成目标的技能；

（6）成员具备较强的责任感；

（7）具备较强的团队协作精神；

（8）具备良好的沟通能力；

（9）具备完成任务、学习进取的主观能动性；

（10）具备教练型的领导。

四、经典案例

如何用好90后员工

小华，90后，计算机应用软件技术专业，2014年的毕业实习就职于广州莱司依网络科技有限公司。他性格活泼外向，与公司的同事关系也挺融洽。小华从高中开始就对计算机编程颇感兴趣，经常到网上找一些编程的教程自己学习，大学期间也多次获得计算机专业竞技特长奖，计算机操作水平高，对公司来说是个不可多得的人才。但他在工作上总是不听从部门主管的安排，经常拖延完成工作任务的时间，影响了整个部门的工作进度。上司多次找他谈话未果，但把他辞退了又觉得损失人才。毕竟小华的工作质量很高，他经手的多数项目都得到客户认可，客户反馈对产品的满意度都很高，所以这让部门主管很头疼。

后来公司根据小华的情况，改进了一些管理方案：

(1) 改善激励机制。如：给予小华组长头衔，当小组获胜时，由公司提供资金让组员请组长唱K，并颁发“带头大哥”个人称号奖章等。90后是没有饥饿感的一代，他们的工作动机不同于父辈或兄辈，他们显现出更加多元化的特征：既有利益要求，也有情感需求，还有参与需求和学习需求。与此相对应，公司应采取多元的激励模式，尤其要注重满足90后员工的心理期待，注重信息的公开、透明和员工参与度，注重利益的分享和命运共同体的构建。

（2）强调分权管理和自主管理。对于工作效益高的小华，给予小组内部弹性工作时间制，不需上下班打卡等。对于90后员工，需打破组织内外部藩篱，使90后员工在更具弹性和灵活性的组织环境中发展；同时，为他们提供相对宽松的创新、创业平台。赋予90后员工更多的责任和一定边界内的决策权利。俗话说，穷人的孩子早当家，其实不管穷与富，只要一当家，年轻人就会成长。新的管理方案，不仅让小华的业绩越做越好，而且还成为同事们的“带头大哥”！

如何将团队离心力转化为向心力

金牛网络科技有限公司是一家经营数码产品的电商企业，几乎每年在领完奖金之后美工部都有60%左右的员工辞职，比公司平均离职率高出40%。

方丽是一位性格文静、内向的人，入职美工部只有半年，拿完年终奖金后向部门总监张馨递交了辞职信。张馨近期已接二连三地收到类似的辞职信。员工辞职的原因都不太明确，她感到非常困惑，于是向公司人事部请教。

人事部针对美工部设计了一份员工离职面谈表，以多项选择题和教练式问题结合的方式，让离职员工清晰地表达出自己的想法。每个员工离职前需要经过面谈填表。通过专人分析，发现部分员工辞职是因为缺乏归属感、工作岗位不合理、员工之间产生矛盾等。方丽则是由于自己不善言辞，入职半年还是与同事关系比较疏远，感觉自己在公司像一个透明人，因此提出了辞职。还有一部分则是出于不可改变的因素。人事部根据对离职面谈表的分析结果向美工部提交了解决办法。

部门总监张馨分别与想离职的员工谈心，听取他们的想法，将确实不适合当前岗位的员工进行了调整，协调解决员工之间的矛盾，深入了解员工在生活、工作中遇到的困难并协助解决，用情感作为凝聚员工的无形纽带，增强员工的团队归属感，同时也通过表扬鼓励的方式给予员工更多的认同感。分小组承担项目，提拔个别能力较强的员工担任组长，在项目竞争中成长。挽留员工的同时，组织各种户外拓展活动，还举办了集体生日会，营造温馨、进取、创新的团队文化氛围，从而增进了员工之间的友情与信任，增强团队凝聚力。随后又制定了长效的激励、培训、晋升、定期组织团队活动等系列机制。这些措施让原本想离职的员工充分感受到公司重视人才的诚意，感受到团队中家庭般的温暖，团队向心力也越来越大，包括方丽在内的90%以上递辞呈的员工都决定留任。

事后，张馨进一步要求各小组建立“学徒制”，先对组长集中培训，然后由组长以带学徒的方式，建立新员工档案，随时记录“学徒”的思想动态并描绘进步曲线，提高“学徒”的适应能力与工作能力，培养他们的自主工作意向和团队协作精神。“学徒制”让新成员获得自我价值提升的空间。

美工部的做法使部门离职率大幅度降低，成功地将团队离心力转化为向心力，这个做法获得了公司的嘉奖并在所有部门进行推广。

五、拓展游戏

（一）摸石过河

1. 四个队伍同时参赛，每队五人（男女都必须有），每队七块塑料板。

2. 塑料板放在起点线后（纵向放置），五名运动员分别站在五块塑料板上，队伍最前端以及最后端分别空置一块塑料板。

3. 比赛开始后，队伍前端的队员利用塑料板前进，同时队伍末端的成员拿起身后的空塑料板，依次向前传递至队伍首端成员，最前端成员将空塑料板放在身前，继续前进。

4. 以此类推，直到队伍最后一名成员超过终点线为比赛结束。

5. 全程 25 米，用时最少到达终点的队伍获胜。

6. 中途如有队员不慎落水，将处以加时惩罚，每次落水加时三秒。

备注：每队比赛配备工作人员一名，参赛运动员犯规时吹哨示意。

7. 游戏目的：

（1）通过活动，发展、提高学生的跳跃和协调能力与大脑的反应能力；

（2）培养学生的团结协作和相互关爱的精神。

（二）风火轮

1. 道具要求：报纸、胶带。

2. 场地要求：操场等空旷场地。

3. 游戏时间：15 分钟左右。

4. 游戏设计：10 人一组利用报纸和胶带制作一个可以容纳全体团队成员的封闭式大圆环，将圆环立起来，全队成员站到圆环上边走边滚动大圆环。

5. 游戏目的：

（1）培养学员团结一致、密切合作、克服困难的团队精神；

（2）培养学员计划、组织、协调能力；

（3）培养学员服从指挥、一丝不苟的工作态度；

（4）增强队员间的相互信任和相互理解。

六、团队文化

团队精神是企业文化的核心

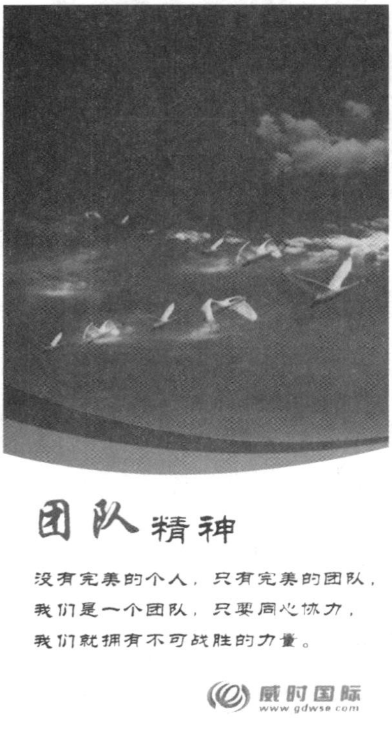

广东威时国际速递有限公司团队文化

瑞行体育用品有限公司团队文化

鹰一样的个人，
雁一样的团队。

个人的智慧，仅是草尖露珠；
集体的智慧，才是长河流水。

七、团队训练计划

1. 任务：市场调查。

2. 要求：通过分工协作，制作调查问卷，选择场地访问人群（市场调查的场地要选择人流量较多的地方，如龙洞步行街），并进行任务总结。

3. 预期目标：

（1）培养团队合作互助精神。

（2）培养团队队长的组织管理、协调、决策和领导能力。

（3）培养团队成员搜集整理信息、编辑调查问卷、沟通、应变能力。

4. 人数：每组6~8人。

5. 时间：分2~3次课完成。

6. 调查内容：假如你要开一家淘宝店铺，想要确定商品类型，请由此展开一次问卷调查。

7. 流程：

第一次课：在阅览室分团队阅读杂志或用电脑查阅，确定调查问卷的主题，如“手机贴膜用户调查”或“热销茶叶品牌调查”等。

利用电脑完成调查问卷的制作，设定访问对象的年龄段，主要使用单项选择题的方式进行调查。并打印出需要访问数量的问卷。

第二次课：在团队选定的区域进行现场调查，指导者与被访者沟通好录制访问视频。

第三次课：回放视频，让每个团队进行总结。包括调查问卷的主题、内容和对象是否恰当，每个队员的分工如何，调查问卷的制作是否合理、选择的场地是否有利于访问的执行，此次调查通过统计能初步得到什么结论等。

【思考与训练】

一、思考题

请观察以下团队：

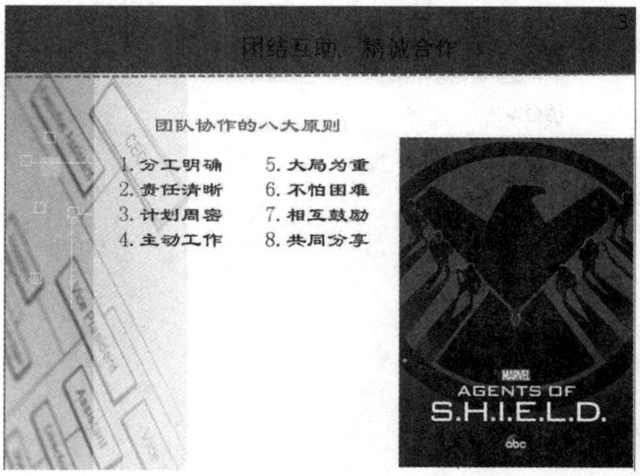

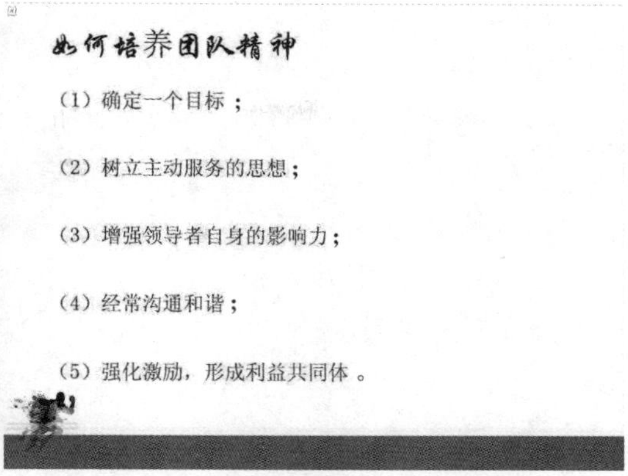

请说出如何培养出一个成功的团队？

二、简答题

1．在现实工作中怎样组建团队？

2．组建好团队后，怎样培养团队意识？

第三章　沟　通

一、情景剧场

1. 李女士到一家网店去寻找连衣裙，网店销售客服小张通过旺旺向她介绍了好几个款式，李女士看上了其中一款商品，但由于价格贵就犹豫不决，还以各种理由拒绝了。小张没有抱怨，而是真诚地以浪费顾客时间向李女士道歉。听到小张的道歉，李女士觉得过意不去，再一次咨询自己看中的那款商品的信息，并告诉小张拒绝的原因就是价格贵了点。小张再次向李女士介绍该款商品的优点，并为其打折，商品原价是400元，打完折是365元，再以350元的优惠价格卖给她。李女士很高兴，并说："我下次买裙子还来你这里。"

思考：什么是沟通？李女士为什么下次买裙子还来这里？

2. 淘宝天天特价50元包邮活动，原计划限量秒杀100件，但宝贝显示的系统库存是200件。店铺工作人员在与淘小二沟通后以为系统拍到100件就会自动下架，因此没有将库存200件改为100件，结果当日线上活动一分钟内200个库存全被拍光了。事后店铺工作人员与淘小二联系时发现双方在活动前没有沟通好。

思考：店铺工作人员与淘小二没有沟通好，出现了问题要怎么处理？

二、教学任务

序号	课时数	教学任务（共三次课）
1	2	了解沟通的含义及其重要性，学习如何运用激励方法来提高团队效率
2	2	通过学习掌握沟通方法和沟通技巧，运用沟通技巧与潜在顾客进行沟通，有效达成交易
3	2	通过上网查找、翻阅书籍等，学习其他电子商务企业沟通成功的典型案例

三、沟通小知识

沟通是为了一个设定的目标，把信息、思想和情感在个人或群体间传递和反馈，并达成共同协议的过程。

（一）沟通的目的

1. 说明事物、传递信息：由发讯者陈述一些事实，以影响受讯者的看法、想法。

2. 表达感情、建立关系和树立信誉：由发讯者将自己的感觉、态度表达出来，使受讯者得到感应；彼此间建立和谐关系，甚至信赖的关系。

3. 请求或说服对方完成任务：为了工作顺利开展，或者达成某种企图或目的。

团队合作和管理过程中，能否有效沟通、掌握有效沟通渠道是凝聚竞争力、强化执行力、提升业绩的关键。

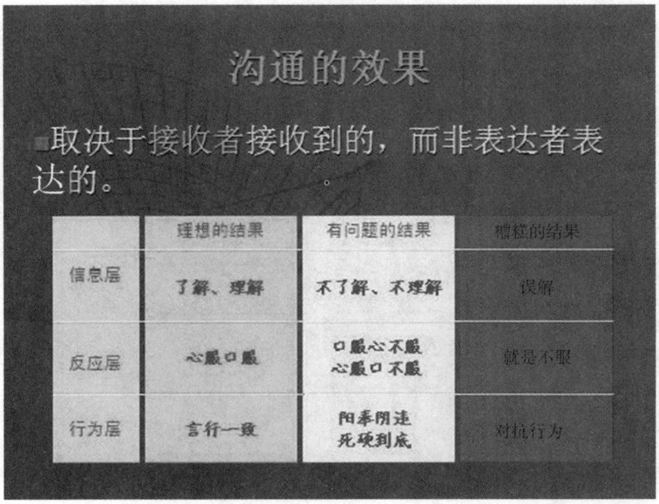

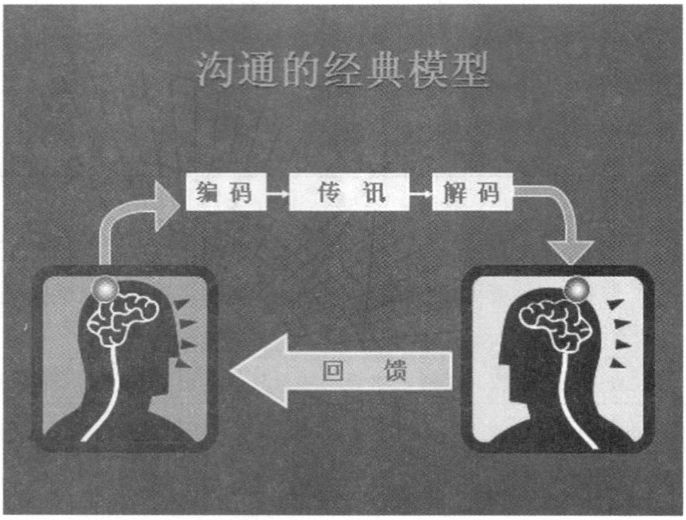

有关成功的因素：85% 是沟通和人际关系，15% 是专业知识和技术。沟通是建立高绩效电商团队的基石。

（二）沟通的三大要素

1．要有一个明确的目标。

在沟通时，见面的第一句话应该说："这次我找您的目的是……"

2．达成共同的协议。

在沟通结束时，可以用这样的话来总结："非常感谢您，通过刚才的交流我们现在达成了这样的协议，您看是这样一个协议吗？"

3. 沟通信息、思想和情感。

在个人或群体间传递信息、思想和情感。

（三）沟通的作用

沟通的功能从管理的角度看主要有协调、控制、激励、交流等作用。

1. 协调。

有效的沟通是协调各个体、各部门形成良好企业文化的途径。一家公司的部门间能否及时消除误解，密切合作，不仅关系到同事间的团结，而且关系到公司中心工作的顺利完成，严重的会影响到公司的安全收付。如业务部门间合作一笔业务，在工作中需要大量的合作和交流，难免会产生一些误解，甚至利益分配上的冲突，此时就需要各部门认清目标，明确各自的责任、义务和权利，进行有效沟通，即在实际操作中互相信任，避免暗箱操作。每个部门要想做到有效沟通就应该擅长相互理解，因为差异的存在，所以需要不断调整自己的沟通风格，确保信息的接收和理解的准确性，这样才能保证部门间合作沟通所依据的信息的客观性和准确性，即沟通的有效性，促进部门间的团结和合作，保持工作的高效性，避免产生不必要的损失。

2. 控制。

控制指工作人员必须遵守组织中的权力等级和正式指导方针，执行组织的行为规范。有效沟通可以把上级的方针政策传达给下级，并把下级的不满和抱怨反馈给管理层，以适时调整，使控制真正得以实现。有效沟通要考虑到下属的理解能力和接受程度以及他们的工作状态等，这样可以使领导决策得到准确理解并迅速得以实施，起到真正的控制作用。

3. 激励。

在实际生活和工作中，每个员工都有得到他人尊重和自我价值实现的需要。对于员工来说，他们能否有效地工作，是否会对企业及其经营目标萌生出责任感、忠诚心和热情，以及他们能否从自己的工作中得到满足感，很大程度上取决于组织与员工之间“心理契约”的实现程度。构建“心理契约”的过程，是一个充分发挥员工的积极性、创造性与智慧的过程，也是保证员工产生高水平的内聚力和承诺的过程。管理者在实际工作中只有根据每个员工的不同情况采取不同的沟通方式关心和鼓励他们，及时肯定他们的成绩才能构建“心理契约”。一个优秀的管理者就是要通过有效的沟通转变职员对工作、对生活的态度，激发他们的工作热情和潜力，把员工改造成充满乐观精神且积极向上的人。

4. 交流。

作为团队沟通领导人，在给予每位成员自我发挥空间的同时，还要破除个人英雄主义，搞好团队沟通的整体搭配，形成协调一致的团队沟通默契；同时还需努力巩固成员间相互了解、取长补短的意识。如果能做到这些，团队沟通就能积累高于个人力量的团队沟通智慧，随时都能创造出惊人的表现和绩效。

（四）有效沟通是电商企业提高订单转化率的关键

客户的满意是企业运营成败的关键所在，市场营销的最终目标无疑是使客户满意。要使客户满意，与客户的有效沟通就显得尤为重要了。

1. 沟通的基本原则。

（1）坦诚相待，礼貌先行。“礼貌先行”是交朋结友的先锋。有句古话说：“要想得到别人的尊敬，首先要尊敬别人。”人与人之间是平等的，只有先尊敬别人，你才能得到别人的尊敬，也只有这样你才能获得与他人沟通、交流的机会，这也是他人以礼相待的基础。不管是首次拜访还是回访，要尊重别人的意见，要学会使用征求性的话语，如“好吗”“您看行吗”“您觉得呢”等，要让客户觉得你是一个非常有礼貌的人，这样他们才会愿意与你交往，乐意与你合作。做任何一笔生意或发展任何一个客户，坦诚相待是关键。

（2）坦然踏实，诚信第一。诚信是网络交易中最重要的因素，如果没有诚信，网络交易就无从谈起，我们一定要坚持诚信第一的原则，在销售中不要隐瞒任何问题，否则这些失信的行为将使你失去更多潜在的顾客。最常见的是有的商品存在瑕疵，拿货时没有发现，到拍摄或检查时才发现，有的甚至在买家要订货时才检查出问题，那么这些都要在商品描述中说清楚（因买家咨询后才发现问题的，要在买家决定购买付款之前说清楚），避免因“隐瞒”而引起纠纷。坦然踏实，诚信第一是赢得顾客的基本。

（3）将心比心，换位思考。销售实践中，换位思考是非常有价值的，即从顾客的角度去考虑他们需要什么样的产品。只有站在买家的角度来考虑问题，才知道怎样引导买家，得到买家的认同。在顾客对产品提出很多要求而你难以理解时，不妨先换位思考，从顾客的角度去体会和分析其如此期望的理由。卖家可以思考这样两个问题：“买家为什么会选择我的商品？”“为什么要接受我的商品和服务？”其实这不外乎两个原因：其一，买家对你的完全信任；其二，买家一定从与你的合作当中获得了利益和好处，这也是相互之间合作的目的所在。任何一项买卖，只要把握好这两点，成功的希望就会很大。

（4）善听善解，领会意图。要成为一个沟通高手，首先要学会聆听。当买家未问完时，不要去打断他，对于买家的问题，要及时准确地回答，这样对方才会认为你有认真听他说话，觉得自己被尊重。同时，倾听可以使对方更加愿意接纳你的意见，更容易被你说服。交流中，找出对方话中的关键词，领会买家的想法，也可以帮助你决定如何回应对方的说法。只要在自己提出来的问题或感想中加入买家说过的关键内容，买家会感到你对他所说的话很感兴趣或者很关心。还可以在交谈过程中看看买家的信用评价或者发过的帖子，多去熟悉他们，领会顾客的意图、抓住顾客心理。一般来说，通过评价以及购买的商品，再通过交流大致就能了解对方是个怎样的买家，然后可以针对不同对象提供不同的服务。

（5）理性沟通，避免情绪。在交流中，可能会遇到各种各样的买家，有过于挑剔，问几天也没完的；有对卖家不太尊重，连问话都是质问式的；有拍下就消失，联系他时还倒打一耙的等。这都有可能在沟通过程中让你情绪爆发。买家常见的行为是投诉，当你的冲动使买家做出投诉的决定时，基本上没有好结果；相反，与买家沟通协调后，反而可能消除误会，说不定不但做成生意，他还会成为你忠实的朋友和顾客。

2. 与客户沟通的技巧。

（1）进门笑脸相迎，直呼其名易亲近。

“您好，亲。”这是平时很多店家的开门迎客词，作为买家是不是感觉如同相隔千里之外呢？

（2）真诚赞美。

以男士衬衣为例，购买这些衣服的客户都是热爱生活、崇尚时尚的人。不要忘记告诉他们你的这些想法，真诚赞美让买家开心也让自己开心。

（3）巧妙设问引真情。

“这款衬衣有白色的吗？”如果这套刚好没有白色的，难道就丢掉生意了？他真的只想要白色吗？问清楚买家的真正购买意向。

“您只想要白色的吗？这套还有红色、粉色、黑色三种颜色，这三种颜色有没有适合您的呢？”我们可以看到，这样就把买家从白色引到了有货的其他三种颜色上来，一般对于本身并没有很明确购买目的的买家，这招都能成功。但有些买家就是专门针对白色来的，那就要再继续问。

“是的，我只想要买白色的。”

“为什么一定要白色的呢？”

“因为我买来送给朋友结婚穿的！”OK，目标很明确了，她要购买适合结婚穿的，刚好店里有专门针对婚庆设计的款式，介绍给她就是。

巧妙设问，搞清楚顾客的真正购买意向，再有针对性地进行介绍。

（4）真情打动讨价还价。

讨价还价是销售中必然的一关，网络销售又是非常公开的，看中某件商品，用百度一搜就全出来了，价格自然也有高有低。如有些不道德的卖家把A店的衬衣图片截下来挂在自己的店里，本来卖60元/件，他才卖15元/件。他卖的自然不可能是A店的衣服，而是盗版货，但很多买家是不清楚的，会讨价还价，这时候需要A店卖家的解释说明。

（5）研究对方的网名。

有人说，网名现象现在已经成为社会心理学的一个内容。确实，网名能透露出很多信息，和人接触的第一时间，仔细读一下对方的名字，绝对是有好处的，如用字母和数字组成的名字、英文单词的名字、无意义汉字的文字组成的名字等。

四、经典案例

合适才是最好，效率倍增的“赢”销之道

“合适自己的才是最好的。”对于如何选择自己的客户沟通模式，电商企业应该从自己的实际情况出发选择适合自身的模式。电商企业所处的发展阶段不同，会有不同的经营策略、产品和资金实力，同时对客户沟通有着不同的需求。

中小规模的电商企业采用保证基本利润的“步步为营”的发展思路，希望同步积累客户和财富。这种企业，更倾向于将有限的资源投入到市场、营销等核心的环节当中，同时企业又缺乏专业的IT维护人员和经验。更重要的是此类企业一般处于高速发展阶段，业务本身时常发生变化，客户沟通需求自然也会发生变化。因此，托管型呼叫中心（是一种新型呼叫中心系统平台和服务的提供方式，其通过远程座席功能，将座席分配给不同企业使用，并负责系统的运行与维护）更适合他们。“我们很多的客户都是10～50个座席，而且时有调整，但几乎所有稳定发展了两年以上的客户都表示，业务量翻了几番，而座席只增长了1～2倍。”天润融通总经理吴强向记者介绍道，“感觉这两年托管型的呼叫中心正在电商圈内普及，至少我们自己有一半的客户来自电子商务企业。”

规模比较大的企业往往先圈地、后赚钱，即先大量投入、抢占客户，再依靠庞大的客户群慢慢赚钱。这种企业大多实力雄厚、业务规模大且比较稳定，有VC支撑，有成熟运营呼叫中心的经验和专业的IT维护支持体系。由于他们具备驾驭的能力和资本，所以大多选择自建型呼叫中心模式。

至于在线客服的应用，一般多被当当、京东等产品丰富、单价较低的综合性购物网站采用，可以降低成本、增加沟通机会，而碧生源、携程网等单品价值较高、产品标准化、服务有时效性的网站为提高承担效率，基本上仍以呼叫中心为主。

电商企业应该像重视产品、价格、营销推广一样重视客户沟通环节。真正把客户沟通作为整个业务流程的一个环节去研究，并制定一套详细的方案去提高效率。认真分析自身特点，选择最适合自己的模式，使其与企业进行顺畅融合，这才是B2C企业营销效率倍增的“赢”销之道。

（资料来源：佚名 . CALL CENTER：电商沟通的独特方式 . 亿邦动力网，2010 - 05 - 13.）

浅谈业务沟通技巧之沟通六忌

网络销售毕竟不是和客户面对面的交谈，所以沟通起来也许会轻松许多，但是在沟通中也不可避免地会发生一些不该发生的事情，毕竟客户没有和我们见过面，也许一个微小的细节就会给客户带来反感，以至于让生意鸡飞蛋打。下面总结了在业务沟通时的六条禁忌供大家参考。

一忌：不要和客户抢话说。

有些时候客户不在现场，所以他的一切计划都是理论中的甚至是他心目中十分理想的，他无法接受别人否决他。比如一个客户和A谈做塑料冰桶，数量5万个，刚开始他交货时间什么的都给A算好，最初没等他说完A就直接否决他，因为A觉得他说的这些工厂根本没有办法完成，但是客户很不高兴，直接对A说："A先生，你能让我把话说完吗？你这样和我抢话说，咱们还有办法交谈下去吗？等我说完你再反驳我也可以。"有了第一次以后，A每次都会请客户先把话说完，然后再把自己的意思表达出来，最后和客户达成共识。所以一名合格的业务员不仅要有良好的沟通能力，更要具备一定的耐心。

二忌：和客户沟通切忌用过多表情。

我们和客户在网络上沟通，讲究的是用最简短的词语表达出想要表达的意思，如果说一句话一个表情，客户可能会觉得我们很幼稚，工作不够认真，以至于印象分大打折扣。

三忌：与客户沟通切忌用口头语。

口头语也叫口头禅，如“我晕”“我的天”等。这些话在朋友间谈话时说出来也许会觉得没什么，但与客户沟通的时候，突然来句“我的天”，客户还以为出什么事了。因为毕竟和客户不熟悉，即使面对熟悉的客户也不该打出不该打的字眼。

四忌：切忌在客户面前贬低同行。

闲谈莫论人非，我们在客户面前也一样，只管介绍好自己的产品，尽量让客户去感受，至于同行的产品怎么样客户自己会去判断。如果贬低同行，也许你并无恶意，但客户心中也许会觉得，你这是在恶意抢单。

五忌：没有十足的把握不要在客户面前打包票。

在网络沟通中，如果业务员一次两次说话不算数，客户心里面会觉得这个业务员很不靠谱，导致客户心里面没有底，所以每当我们一件事情拿不准的时候给自己留一条退路，如样品时间，交货时间之类的要和车间确认好了再回答客户，不要和客户说好了时间再去和车间沟通，这样就相当的被动。

六忌：切忌和客户发火，惹怒财神就是和自己过不去。

有时候客户说话会比较难听，如样品之类的都和他确认好了，明明事先说好不包邮费，客户却说别家有给他包邮费。这个时候要沉住气，千万不能发火，如果这个时候发火，那么前期的工作就等于白做了，因为褒贬是买主，可以让他去说去讲，一口咬定最低价格就行了。

（资料来源：刘海迪．浅谈业务沟通技巧之沟通六忌．阿里巴巴商友圈，2013－08－19.）

五、拓展小游戏

（一）销售中的异议

商品的推销和售后服务是公司人员面临最多异议和争端的环节，怎样才能与顾客进行良好的沟通，让他们对公司的产品感到满意，是每一个营销管理人员应该考虑的问题。

1. 游戏准备。

参与人数：2 人一组

时间：15 分钟

场地：室内

道具：无

2. 游戏目的。

（1）沟通能力的训练。

（2）沟通词语的选择。

（3）销售技巧的培训。

3. 游戏规则和程序。

（1）将学生分成 2 人一组，其中一个是 A，扮演销售人员，另一个是 B，扮演顾客。

（2）场景一：A 现在要将公司的某件商品卖给 B，而 B 则想方设法地挑出商品的各种毛病，A 的任务是一一回答 B 的问题，即便是一些吹毛求疵的问题也要让 B 满意，不能伤害 B 的感情。

（3）场景二：假设 B 已经将商品买了回去，但是商品现在出了一些小问题，需要进行售后服务，B 要讲一大堆对于商品的不满，A 的任务仍然是帮他解决这些问题，提高他的满意度。

（4）交换角色，然后再做一遍。

（5）将每个组的问题和解决方案公布于众，评选出最好的组给予奖励。

4. 相关讨论。

（1）对于 A 来说，B 的无礼态度让你有什么感觉？在现实工作中你会怎样对待这些顾客？

（2）对于 B 来说，A 怎样才能让你觉得很受重视，很满意？如果在交谈的过程中，A 使用了像“不”“你错了”这样的负面词汇，你会有什么感觉？谈话还会成功吗？

5. 总结。

（1）对待顾客的最好方法就是真诚地与他沟通，站在他的角度思考问题，想方设法地替他解决问题；能够解决的问题尽快解决，不能解决的要对顾客解释清楚，并且表示歉意；有时即便顾客有些不太理智，销售人员也要保持微笑。始终记住：顾客是上帝，上帝是不会犯错的！

（2）在交流的过程中，语言的选择非常重要，同样的意思用不同的话说出来意思是不一样的，多用一些积极的词汇，尽量避免使用一些否定的、消极的话语，这样才能让顾客心里觉得舒服，让顾客满意。所以，对于公司的主管来说，要在平时多注意培养员工这方面的素质。

（二）撕纸

1. 游戏准备。

时间：15 分钟

材料：准备总人数两倍的 A4 纸（废纸亦可）

适用对象：所有学员

2. 游戏目的。

我们平时的沟通过程中，经常使用单向的沟通方式，结果听者总是见仁见智，各人按照自己的理解来执行，通常都会出现很大的差异。但使用了双向沟通之后，又会怎样呢，差异依然存在，但有所改善，同时增加了沟通过程的复杂性。所以什么方法是最好的，这不能一概而论，要依据实际情况而定。沟通的最佳方式也要根据不同的场合及环境而定。

3. 操作程序。

（1）给每位学员发一张纸。

（2）培训师发出单项指令。

第一步：全体闭眼，全过程不许问问题；

第二步：拿起纸；

第三步：将纸对折；

第四步：撕掉右下角一个一厘米长一厘米宽的小块；

第五步：再次对折；

第六步：撕掉左下角一个一厘米长一厘米宽的小块；

第七步：再次对折；

第八步：撕掉右上角一个一厘米长一厘米宽的小块；

第九步：睁开双眼；

第十步：打开你手中的纸。

4. 单向沟通与双向沟通的区别。

完成后，重复上述指令，唯一不同的是这次学员们可以问问题。

为什么完成后结果不一样？

为什么可以问问题后还是有误差？

可见，任何沟通的形式及方法都不是绝对的，它依赖于沟通者双方对彼此的了解，同时受沟通环境的限制，沟通是意义转换的过程。

六、沟通文化

1. 得理后不要以理欺人。
2. 用心去沟通。
3. 吵架也是一种交流。
4. 人脉就是钱脉。
5. 一个人的生活和生命的质量，取决于他的沟通能力以及他的影响力。
6. 知己知彼，百战不殆。
7. 沟通是成功的开始。
8. 沟通：成功人生的通行证。即或是上帝，也有求于关系的时候。——马克·吐温。
9. 营造一张和谐舒适的人际关系网络，是您打开成功之门的钥匙。——李嘉诚。
10. 管理的秘诀是沟通，沟通，再沟通！——杰克·韦尔奇。
11. 专心倾听别人讲话的态度，是我们所能给予别人的最大赞美。——戴尔·卡耐基。
12. 说话和事业的进展有很大的关系，是一个人力量的主要体现。——富兰克林。
13. 沟通无止境。

七、电商企业文化训练计划

在定好的团队中实施末位淘汰制。末位淘汰制是指工作单位根据本单位的总体目标和具体目标，结合各个岗位的实际情况，设定一定的考核指标体系，以此指标体系为标准对员工进行考核，根据考核的结果对得分靠后的员工进行淘汰的绩效管理制度。末位淘汰制具有提高员工的工作积极性、精简机构等功能。

校园里的淘汰制还有挽回的机会，被淘汰的同学可以重新加入一个组，只要其他队员肯接收他。但是，他这个学期的成绩就必须由接收他的同学给他打分，在整组同学的平均分的基础上，乘以整组同学的打分，就是他有个人成绩了。

电商企业坚决实施末位淘汰制。

【思考与训练】

一、选择题

1. 沟通的基本原则是(　　)。

A. 坦诚相待、礼貌先行

B. 坦然踏实，诚信第一

C. 将心比心，换位思考

D. 善听善解，领会意图

E. 理性沟通，避免情绪

2. 小道消息是存在于组织中的一种非正式沟通形式，其特点是(　　)。
A. 被大多数员工视为可信并可靠，传播迅速、破坏性大
B. 在管理层控制范围、涉及组织中所有人的利益，传播迅速
C. 不受管理层控制、关系到人们的切身利益，传播迅速
3. 与员工自我实现需求相对应的组织措施是(　　)。
A. 让员工承担挑战性的工作
B. 创建和谐的工作群体
C. 给员工普遍增加工资
4. 以下不属于组织内部正式的沟通方式的是(　　)。
A. 指示与汇报，会议与个别交流
B. 内部刊物和宣传告示栏，意见箱与投诉站，领导见面会和群众座谈会
C. 员工在聚餐时相互传递小道消息
5. 是否应该对下属公开赞美，以下说法正确的是(　　)。
A. 公开赞扬最好是能被大家认同及公正评价的事项
B. 尽可能公开赞美，这样激励力度更大
C. 不能公开赞美，这容易引起其他下属的心态不平衡

二、判断题（正确的打“√”，错误的打“×”并加以说明）

1. 组织的纵向沟通中，时常会产生信息漏斗状况，最好的解决办法就是强化反馈机制。(　　)

2. 同客户沟通时要表情丰富。(　　)

3. 沟通中大部分的信息是由非言语的形式传递的。(　　)

4. 按沟通的方向分类，可以分为上行沟通、下行沟通、平行沟通和非组织沟通。(　　)

5. 遇到刁钻刻薄的客户提出不合理的价格要求，应该义正词严地反驳他，甚至不惜得罪他。(　　)

6. 上级不能越级调查，下级不能越级投诉。(　　)

7. 与上级沟通的时候要注意：上级永远是上级，下级和上级的权力是不对等的。(　　)

8. 交换名片时，一般首先由位低者向位高者递送名片，再由后者回送前者。(　　)

9. 非正式沟通的优点是传递速度快；缺点是难以控制，信息容易失真。(　　)

10. 当下级的成熟度处于不成熟阶段（无能力无意愿）时，领导要对下属的工作做出明确的规定，甚至规定什么时候做和怎么做，强调对下属明确而具体的指导，即命令型的沟通方式最有效。(　　)

三、简答题

1．沟通的重要性有哪些?

2．怎样才能做到有效沟通？要注意哪些问题?

第四章　激　励

一、情景剧场

1. 为了鼓励员工创新，苏宁面向全体员工，包括基层一线作业岗位员工设立了1 000万元的互联网创新奖励基金，对运营产品开发与设计、新型市场推广手段与方法、信息平台的建设与信息技术等方面的创新给予激励。

思考：什么是激励？苏宁采用这样的激励方式是否能提高员工的工作热情？

2. 沃尔玛较少有等级森严的气氛，创始人山姆·沃尔顿乐意和员工在一起，沃尔玛公司规定对下属一律称“同仁”而不称“雇员”。沃尔玛在处理员工关系方面运用得最多的方法是激励而不是批评或者处罚。如果员工某件事做对了，他们就会对其良好的表现进行褒扬：“你做得很好！”如果员工做错了，他们会对员工说：“换种方法你会做得更好！”

思考：沃尔玛在员工激励方面采取了什么样的做法？

二、教学任务

序号	课时数	教学任务（共三次课）
1	2	了解激励的含义和基本理论，学习如何运用激励方法来提高团队效率
2	2	以辩论赛的形式，探讨“一个企业的员工重要还是老板重要”，并进行点评
3	2	通过上网查找、翻阅书籍等，学习其他关于企业员工激励的典型案例

三、激励小知识

1. 激励，即激发和鼓励，是指激发人的行为活动等潜在的心理过程，也是人力资源中不可或缺的部分。有效的激励可以激发团队成员中蕴藏的巨大能量，从而更有效地完成组织的目标。

将激励应用于管理，是指激发员工的工作动机，采用一定的激励手段，调动员工的积极性、主动性和创造性，让他们释放积极、高效的潜在驱动力，为提升企业效益奉献自己的热情。

2. 如何在工作中调动员工的工作热情，激发员工的内在驱动力，是企业人力资源的最高层次目标。作为企业管理商，需要塑造激发员工创造力的环境和机制。

（1）建立相对宽松、倡导自由探索的工作氛围，鼓励员工开拓创新。

（2）健全系统的评价和激励机制，重奖重用有突出业绩的开拓创新者。

（3）强化企业内部竞争机制，激励人们去研究新动向、新问题，并明确规定适应时代要求的技术创新和管理创新的具体目标。

3. 激励有以下几个方面的作用：

（1）吸引优秀的人才。

彼得·德鲁克（P. Drucker）认为，每一个组织都需要三个方面的绩效：直接的成果、价值的实现和未来的人力发展。缺少任何一方面的绩效，组织非垮不可。因此，每一位管理者都必须在这三个方面均有贡献。在三方面的贡献中，对“未来的人力发展”的贡献就是来自激励工作。在发达国家的许多企业中，特别是那些竞争力强、实力雄厚的企业，会通过各种优惠政策、丰厚的福利待遇、快捷的晋升途径来吸引企业需要的人才。

（2）开发员工的潜在能力，促进在职员工充分发挥其才能和智慧。

美国哈佛大学的威廉·詹姆斯（W. James）教授在对员工激励的研究中发现，按时计酬的分配制度仅能让员工发挥20% ~30%的能力，如果受到充分激励的话，员工的能力可以发挥出80% ~90%，两种情况之间60%的差距就是有效激励的结果。

（3）留住优秀人才。

企业拥有并使用好优秀的人才能提高企业的核心竞争力，从而在市场竞争中立于不败之地。企业须充分认识到人才在核心竞争力培育中的地位和作用，应采取一些有效的措施来吸引、留住优秀人才。著名心理学、行为科学家维克多·弗鲁姆（Victor H. Vroom）认为，人们采取某项行动的动力或激励力取决于其对行动结果的价值评价和预期达成该结果可能性的估计。弗鲁姆的期望理论辩证地提出了在进行激励时要处理好努力与绩效的关系、绩效与奖励的关系、奖励与个人需要的关系以及需要的满足与新的行为动力之间的关系，这些也是调动人们工作积极性的四个因素。

（4）造就良性的竞争环境。

科学的激励制度包含一种竞争精神，它的运行能够创造出一种良性的竞争环境，进而形成良性的竞争机制。在具有良性竞争的环境中，组织成员会受到环境的压力，这种压力可转变为员工努力工作的动力。

4. 电商运营带好团队的七种激励方法。

（1）榜样激励。

榜样像一面旗帜，能够让人看到目标和方向，是员工行动的参照系。要想让榜样发挥无穷的力量，让员工充满激情地工作，管理者自身要先做好榜样。

（2）目标激励。

人们的行为都是由动机引起的，并且都是指向一定目标的，目标本身就是一种诱因，通过目标的设置来激发人的动机，唤起行动的内驱力。

（3）授权激励。

管理者适当地给予下属更高的权力，可以极大地激发下属的积极性和主人翁精神。一旦重任在肩，自然就会投入更大的热情，调动更多资源做出更优异的成绩。

（4）信任激励。

信任他人，不仅能有效地激励人，还能塑造人。领导与下属之间的相互理解和信任是一种强大的精神力量，能让员工充分发挥主观能动性。

（5）赞美激励。

每个人都渴望得到别人的赞美和肯定，一旦这种心理需求得到满足，就能转化为巨大的精神动力，用赞美的方式激励员工，管理者将会获得意想不到的结果。

（6）竞争激励。

竞争激励源自于大自然的优胜劣汰法则，建立有效的竞争激励机制，能够激发人的斗志。同时，竞争机制也有助于激发员工的创造性和争先创优意识。

（7）文化激励。

企业文化是推动企业发展的原动力，优良的企业文化能够满足员工的精神需求，能有效地提高企业生产效率，对企业的个体也有强大的凝聚功能。

四、经典案例

阿里巴巴集团

阿里巴巴集团由曾担任英语教师的马云为首的18人，于1999年在中国杭州创立，他们相信互联网能够创造公平的竞争环境，让小企业通过创新与科技扩展业务，在参与国内或全球市场竞争时处于更有利的位置。阿里巴巴的集团文化关乎小企业

的利益。阿里巴巴集团经营的商业生态系统，让包括消费者、商家、第三方服务供应商和其他人士在内的所有参与者，都享有成长或获益的机会。阿里巴巴集团的业务成功和快速增长有赖于他们尊崇企业家精神和创新精神，并始终如一地关注和满足客户的需求。他们相信，无论公司成长到哪个阶段，强大的共同价值观都可以让阿里巴巴集团维持一贯的企业文化以及公司的凝聚力。

阿里巴巴集团的价值观：

阿里巴巴集团的六个价值观在经营业务、招揽人才、考核员工以及决定员工报酬等方面扮演着重要的角色，其六个价值观为：

（资料来源：阿里巴巴集团．百度百科．）

阿里如何激励员工?

文化建设一直是阿里巴巴(简称"阿里")发展的重中之重。可以说,企业文化使阿里能够掀起一场互联网革命。在阿里巴巴的企业文化建设过程中,激励措施特别是软激励的有效运用发挥了重要作用。

尊重员工意愿,提供表达空间

"阿里味儿"是阿里巴巴强化企业文化的一个阵地,在这上面,员工可以直言部门主管的不公待遇,可以质疑公司的某项政策规定,甚至是集团高管走马上任也会被反对"围攻"。用阿里一位员工的话来说,可以讨论任何事情而无论层级,发表任何观点而不论对错;即便是高管的观点也经常被员工"减芝麻"("减芝麻"表示不同意)。

这样的例子随处可见。在阿里的历史上,一位被高管辞退的员工发帖历数前者的不公正,帖子发布后引发了大量同事"一面倒"的声援,但随后高管及时回应,说明原因和意见,也获得了跟帖支持,最终在两方意见"针锋相对"的情况下,由 CEO 出面,把 HR 的负责人、当事员工和主管都叫到一起公开讨论,而且将现场情况同步直播给所有员工。

阿里坚持的原则是"即使是毒草,也要让他长在阳光下"。正是在这种潜移默化的培养中,每位员工都能以一个平等、客观的姿态参与到工作的讨论和执行中。也正是这些做法使阿里开放、透明的企业文化被员工真正地接纳和吸收,有效地调动了员工的能动性和创造性。

实施赛马机制，激发创新冲动

阿里充分满足了员工的施展空间和创新冲动，“赛马”就是很好的例子，员工只要有好的想法和创意就可以提交到阿里的项目委员会。经过审批之后，员工可以放手去做，集团会为其配备人手、资金，甚至还有期权，阿里很多好的项目都是通过“赛马”成立的。在阿里的历史上，曾有刚刚转正的员工提交的项目脱颖而出，之后扩容成五六十人的团队，闯入该领域内全国第一梯队。

“放任”往往可以带来意想不到的惊喜，有些案例甚至让阿里内部员工也有点难以置信，如一位刚刚入职的员工“不务正业”，耗时八个月痴迷于与自身业务关联不大的技术难题，部门主管也欣然接受，而这对于双方来说都是一种“冒险”：员工毫无突破，高管难辞其咎。但最终，员工的技术方案被纳入全球性的技术标准。

自由晋升和转岗，不拘一格

在职位晋升和调整机制上，阿里也同样奉行“自由”原则。比如阿里的员工晋升并不是由主管决定，而是结合一年的工作情况自己来判断决定，如果认为自己到了晋升的某一个层次和水平就可以提交晋升申请，由各个部门的资深同事来进行考核，员工做述职报告，再由评委来投票决定。再比如，员工转岗也无须征得部门主管同意，只要接收方同意，原部门主管就要无条件放行。这是阿里包容精神最直接的体现。

当然，自由不是无原则地放任。为了将自由而活跃的“分子”纳入到整个组织的有机体中，使员工的自主性与企业的需求相匹配，阿里设定了一定的限定条件。比如，晋升请求是自己提出的，但判断的标准是透明公开、具体而微的；转岗是没有主管限制的，但是存在一些硬性条件：首先是在现有部门至少待够一年，其次是绩效考核达到一定的水平。这样就可以避免员工因为逃避而转岗，保证优秀人才的合理流动。

可见，阿里巴巴激励机制的关键点在于充分尊重员工发展的意愿，并为员工提供自由发展的平台，而这种“软激励”是阿里“开放、创新”文化的真实写照，是阿里持续进行变革创新的重要推动因素。

（资料来源：黄知才．阿里和华为如何激励员工？香港环球经济电讯社，2014－11－24.）

五、拓展小游戏

同心协力

1. 游戏目的。

这是一个很有意思的游戏，它不仅可以调动参与者的兴趣，而且能让他们从游戏中体会友谊和协作的乐趣。另外，这个游戏还可以在培训中场或结束时使用，既可以活跃课堂气氛，又能帮助培训学员放松神经，增强学习效果。

2. 游戏规则和程序。

（1）将学员分成几个小组，每组在 5 人以上为佳。

（2）每组先派出两名学员，背靠背坐在地上。

（3）两人双臂相互交叉，合力使双方一同站起。

（4）依此类推，每组每次增加一人，如果尝试失败需再来一次，直到成功才可再加一人。

（5）培训者在旁观看，选出人数最多且用时最少的一组为优胜者。

3. 相关讨论。

（1）你能仅靠一个人的力量就完成起立的动作吗？

（2）如果参加游戏的队员能够保持动作协调一致，这个任务是不是更容易完成？为什么？

（3）你们是否想过一些办法来保证队员之间的动作协调一致？

4. 总结。

（1）这个游戏看似简单，但是依靠一个人或几个人的力量是不可能完成的。因为在这个游戏中，大家组成了一个整体，需要全力配合才能达成目标。它可以帮助学员体会团队相互激励的含义，帮助他们培养团队精神。

（2）这个游戏还考验了每个小组的领导者，看他怎样指挥和调动队员。因为这个游戏不但需要大家通力合作，还需要每个参与者的密切配合。如果步调不一致，大家的力气再大也不可能顺利完成。这种情况下，作为小组的领导者，应该想一些办法来解决这个问题。比如可以让大家跟随他的动作，更有效的就是想出一个口号，既可以鼓舞士气又能统一大家的节奏。

（3）无论是队员还是领导者都应该明白，任何一个人的不配合都会对小组的行动产生负面效果。因此，培训者应注意，在游戏结束后，要帮助完成效果不好的小组找出原因。帮助他们树立团队意识，引导他们总结自己的失误，这对学员的素质提高有很大帮助。

六、激励文化

1. 成功的人千方百计，失败的人千难万险。
2. 每一份私下的努力都会得到成倍的回报。
3. 多见一个客户就多一次机会！
4. 因为自信，所以成功。
5. 复杂的事情简单化，简单的事情重复化。
6. 一个恰当的时间，恰当的场合，一个简单的微笑可以制造奇迹。
7. 人生的成功，不在于拿到一副好牌，而是怎样将坏牌打好。
8. 你缺少的不是金钱，而是能力、经验和机会。

9. 所有的抱怨，不过是逃避责任的借口。

10. 当额外的工作分配到你头上时，不妨视之为一种机遇。

11. 诀窍，是以正确的方式、技巧，以及最少的时间和努力，去做好某件事情。

12. 如果你认为每一位成功者都只有成功的经验，那就错了。其实，成功者拥有更多的是失败经验。

13. 创业要大成，一定要找到能让猪飞上天的台风口。勤奋、努力加坚持等，这些只是成功的必要条件，最关键的是在对的时候做对的事情。——雷军

14. 不做电子商务，五年内你会后悔！——马云

15. 21 世纪要么电子商务！要么无商可务！——比尔·盖茨

七、电商企业文化训练计划

1. 确定小组的人员构成，将全班分为若干小组。
2. 制定小组名字和口号。
3. 通过一系列的团队激励小游戏，培养团结协作、互助共赢的精神。每次游戏结束后累计小组得分并排名。
4. 每个游戏结束后以小组为单位进行分享、总结和点评。

【思考与训练】

一、单项选择题

1. 激励应用于（　　），是指激发员工的工作动机，采用一定的激励手段，调动员工的积极性、主动性和创造性，让他们释放积极、高效的潜在驱动力，为提升企业效益奉献自己的热情。

A. 生产　　B. 学习　　C. 管理　　D. 应酬

2. 激励的对象主要是（　　）。

A. 组织目标　　B. 组织范围内的员工或领导对象

C. 员工的需要　　D. 组织范围内的员工的利益

3. 产生激励的起点是（　　）。

A. 欲望　　B. 未得到满足的需要

C. 动机　　D. 希望

4. 对于一个以自我实现需要占主导地位的企业员工来说，最有效的激励措施是(　　)。

A. 提高工资　　B. 改善工作环境　　C. 颁发奖状　　D. 委以重任

5. 要想调动员工的积极性，最好从(　　)方面开始做起。

A. 领导以身作则，影响带动员工

B. 多组织各项活动，促进交流，增强凝聚力

C. 研究和关心员工的需要，力求使员工对企业产生责任感

D. 奖惩分明

6. 时下一些青年白领员工虽然有高报酬和好前景，却频繁跳槽，其原因主要是(　　)。

A. 追求更高的报酬

B. 寻找更好的工作伙伴

C. 寻找更适合自己发展，实现梦想的位置

D. 寻找更佳的工作环境

7. 假设你是一家企业的经理，发现近来企业的各项工作开展都没有创业阶段时有声有色，经调查，发现员工没有不满情绪，但对工作并不满意，为此，你认为可以采取的措施是（　　）。

A. 给工人提供更多的升迁机会　　B. 改善工人的工作条件

C. 增加工人的工资　　D. 以上都不可行

二、判断题（正确的打“√”，错误的打“×”并加以说明）

1. 建立相对宽松、倡导自由探索的工作氛围，鼓励员工开拓创新，是调动员工的工作热情、激发员工内在驱动力的重要因素。(　　)

2. 领导者打算通过增加额外的休息日来提高员工的劳动生产率，其结果总是有效的。(　　)

3. 对员工的激励能否有效，很大程度上取决于领导者权力的运用。(　　)

4. 要调动和维持员工的积极性，首先要注意激励因素，以防止不满情绪的产生。但更重要的是要利用保健因素去激发员工的工作热情。(　　)

三、简答题

1. 你知道的激励措施有哪些？

____

____

____

2. 如果你是电子商务企业经理，你会怎样拟定公司的激励措施？

____

____

____

____

第五章　创　新

一、情景剧场

张新听说网上开店挺容易赚钱的，于是自己也学着开了间网店。一个月过去了，他的网店一笔生意都没做成，眼看着仓库里堆积的货物销售不出去，张新开始着急。他赶紧到淘宝大学去学习怎样推广产品，经过一个多月的认真学习，张新熟练地掌握了论坛推广，博客、微博、微信推广，QQ 群、旺旺群推广，通过店铺促销活动推广等网络营销方式，每天都按照这些推广方式在网上发布大量广告推销自己的产品，三个月下来虽然每天都有不少顾客浏览他的店铺，但购买者却甚少。张新百思不得其解，最后请来了多位销售专家和资深买家帮自己分析问题，这才发现：第一，自己的产品太大众化，淘宝网上卖这种产品的就有 500 多家；第二，没有价格优势，有很多店铺的价格比他便宜；第三，推销方式不够新颖，仅仅是按照淘宝大学中教的推广方式模式化地推销，没有自己的特色，不能吸引人。

思考：

1. **传统的网络营销方式有哪些？**

____

____

2. **如何在传统的网络营销方式中加入创新的推广方式？**

____

____

____

复仇者联盟万岁！！！

二、教学任务

序号	课时数	教学任务（三次课）
1	2	掌握创新思维的含义，了解创新需具备的几种素质，打破传统思维障碍，开拓新的思维模式
2	2	掌握两到三种培养创新思维的游戏，运用这些游戏反复训练提高自身的创新能力
3	2	掌握创新思维，学会在网络营销中运用创新思维提升产品的销售，开拓销售渠道

三、创新小知识

（一）什么是创新

创新是指利用现有的知识和物质，本着理想化需要或为满足社会需求，突破常规思维的界限，以超常规甚至反常规的方式去思考问题，提出自己首创的、与众不同的见解，从而创造新颖、独特、有社会意义的新事物的过程。

（二）创新思维的特征

1．独创性。

不受传统习惯和定势思维的禁锢，敢于突破条条框框的限制，超出常规甚至反常规地思考问题并提出科学的怀疑、合情合理的“挑剔”。

2．求异性。

对司空见惯的现象或者已有的权威性理论始终持一种怀疑的、分析的、批判的态度，以新的方式来对待与思考所遇到的一切问题。

3．灵活性。

突破传统观念的束缚，遇到具体问题灵活多变，能及时地转换与变通思路。

4. 综合性。

调节局部与整体、直接与间接、简易与复杂的关系，对已有的信息进行概括、整理、辩证分析，进而形成科学的概念，概括出事物的规律。

5. 多维性。

突破思维定势和固定功能的局限，设想多种可能的方案，然后进行集中思考、比较分析，确定一种最佳方案。先进行发散思维再进行集中思维。

（三）创新的类型

按创新程度分类，可分为以下三种类型：

1. 渐进性创新。

渐进性创新也称改进型创新 ，是指对现有技术的非质变性的改革与改进。改革与改进主要是对现有技术进行局部性改进所产生。

2. 突破性创新。

突破性创新也称重大创新，是指技术有重大突破，也称重大创新，是指技术有重大突破，并在商业化方面取得成功，获得相应效益的创新活动。

3. 革命性创新。

创造出一种新的，与以前的技术、经验完全不一样的东西。

（四）如何培养创造性思维

创新是在原有知识的基础上发展起来的。它是后天培养与训练的结果，可以通过每天的练习来提高自己的创新能力。因此，我们可以有意识地从以下三个方面培养自己的创新思维：

1. 保持强烈的求知欲。

所有的创新都是在原有知识、经验基础上的改造、加工或变革得来的，因此丰富的知识是创新的源泉，而求知欲是调动创新思维的根本。创新思维，往往开始于人们对某个问题有强烈的好奇心，引领其对此坚持不懈地探索。因此要培养创新思维，就必须使自己具有强烈的求知欲，时时留意自己身边的事物，激发自己的求知欲，养成打破砂锅问到底的习惯，引领自己去探索、去创新，去发现未知的新知识、新见解和新事物。

2. 训练发散思维。

在现实生活中，人们常常因为思维定势影响而妨碍创造性地发现问题、思考问题和解决问题。

所谓发散思维，是围绕一个问题，突破常规思维的束缚，沿不同方向去思考、探索，寻求解决这一问题的各种可能性，由得到一种答案到寻求多种答案的思维过程。人在这种思维过程中，可左冲右突，在适合的各种答案中充分表现出思维的创造性成分。如铅笔的用途，我们可以发挥想象，尽可能多方面地思考，至少可以得出：写字，玩，当筷子，画画，当水平计，做挂钩，当燃料，削下的木屑可以做成装饰画，画眼线，做记号，当尺用，当牙签，做算术，当书签，倒磁带，当武器等答案。思维扩散的范围愈广，产生的设想愈多，解决问题的可能性就愈大。每天训练自己在规定时间内对某个问题想出多种解决方式，也可以与同学进行比赛，从而训练提高自己的发散思维。

3. 提高综合思维能力。

综合思维是指全面、细致、多角度地进行观察和分析，并将从各个角度考虑后得出的结论加以融合、提炼，从而形成一个全面的、客观的、辩证的结论和观点的过程。

“三个臭皮匠，抵个诸葛亮”以及我们在游戏训练中的“头脑风暴法”正是运用综合思维能力，把各种不同的主意融合起来，取长补短、综合思考，用以解决一个难题。这样既能开拓我们的视野，打破思维的局限，又避免了偏听偏信，钻牛角钻的思维。

此外，还可以在生活中有意识地训练逆向思维、类比思维以提高自己的创新能力。

四、经典案例

roseonly 专爱花店

中国高端鲜花第一品牌 roseonly 专爱花店，创始人蒲易（Perry pu）。

2013 年 1 月 roseonly 正式成立，2 月 roseonly 官网上线。“roseonly 专爱花店”创立后先后获得多家投资公司注资超千万美金，2014 年 5 月这家成立一年半的公司估值过亿美金，创造了互联网销售的又一个奇迹。

roseonly 的成功经验分析：第一，赋予品牌情感——“一生只送一人”；第二，走高端品牌路线——“选全球最好的玫瑰”；第三，采用个性化的品牌理念——“创新的快递模式”；第四，打造良好的品牌形象——“口碑营销”。

（资料来源：roseonly 专爱花店．百度百科．）

膜法世家

膜法世家，创始人黄晓东。曾是上海悦目化妆品有限公司旗下面膜品牌，是淘宝商城里116家淘品牌中的一家。2007年10月至2010年10月，膜法世家的淘宝网店保持连续三年买家百分百好评。2011年销售额6 000万，2012年销售额9 000多万，2013年销售额将近两个亿。

公司的宗旨是：品质第一，服务第一，团队第一；品牌理念是：天然、奢华、纯真；企业精神是：勇于探索，敢于拼搏。

（资料来源：膜法世家．百度百科．）

五、拓展游戏

（一）头脑风暴

1. 游戏准备。

参与人数：6 ~ 8 人一组

时间：20 分钟

材料：每组红色、黑色油性笔各一支，4 开白纸一张，印章一个

场地：不限，最好是实训室

游戏题目：网络的销售方式有哪些？

2. 游戏目的。

（1）熟悉电商销售的各种方式。

（2）培养产生创造性的观点，理解创造性思维的意义。

（3）发散性地思考问题，迅速转动大脑搜求各种解决方法，激发学员的创造性思维，鼓励他们更有创造力地去解决问题。

3. 游戏规则和程序。

6～8 人为一个小组，每个组选出一人记录本组所想出的方式，在 15 分钟之后，推选出本组最新奇、最疯狂、最具有建设性的主意，想法最多、最新奇的组获胜。

具体规则：

（1）想法越古怪越好，鼓励异想天开。

（2）可以寻求各种想法的组合和改进。

（3）不许有任何批评意见，只考虑想法，不考虑可行性。

（4）各组派代表阐述本组的观点。

4. 相关讨论。

（1）头脑风暴对于解决问题有何好处，它适用于解决什么样的问题？

（2）你是否会惊叹于人类思维的奇特性，惊叹于不同人想法之间的差异性？

5. 总结。

（1）千万别嘲笑他人异想天开的想法，科技和人类的进步正是建立在一项又一项异想天开的基础上的。人类如果不是一直希望像鸟儿一样在天空飞翔，就不会有莱特兄弟历尽艰辛制造飞机；如果没有千里传音的想象，就不会有电话的产生。

（2）人的大脑蕴藏的力量是无法估量的，在短时间内，聚精会神努力搜索大脑有助于提出更多创造性想法。

（3）头脑风暴往往用来解决诸如创意之类的难题，在一个民主、完全放松的环境中，人们更能异想天开地解决问题。因此我们在学习、工作、生活中给自己创造一个民主、轻松的环境更有利于培养创新思维。

（二）玩具公司

1. 游戏准备。

参与人数：5～7人一组

时间：30分钟

场地：室内

道具：纸、笔、橡皮泥

游戏题目：有没有设想过拥有自己设计的芭比娃娃、机器人？有没有想过用自己设计的飞机模型参与比赛？本游戏将带你重温这些梦想。

2. 游戏目的。

（1）培养创造性地解决问题的能力。

（2）培养纵观全局、综合看问题的能力。

3. 游戏规则和程序。

（1）每5～7人一组，每组就是一家玩具公司，利用20分钟的时间设计出一个新的玩具，可以是任何类型、针对任何年龄段的作品，唯一一点要求就是有新意。

（2）每组选出一名组长，用5分钟的时间对本组设计的玩具进行一个详尽的介绍，内容应该包括：名称、针对人群、卖点、广告、预算等。

（3）每组做完自己的介绍后，由大家评判出最好的组，如最炫的名字，最动人的广告创意，花钱最少的玩具等，颁发奖状。

4．相关讨论。

（1）限制时间对你们的创作灵感是否有影响？

（2）一个好的提案除了要有好创意还需要什么东西？

（3）什么样的创意会让你眼前一亮？怎样才能想出这些好创意？

5．总结。

（1）对于一件产品来说，除了创意之外，还需要受到现实条件的约束，如时间、预算、人力、物力等。怎样在限定的范围寻求利益的最大化，是我们每一个工作人员应该考虑的重要一步。

（2）一个产品从设计开发到营销推广都需要好的创意，没有创意的产品或广告不会被人欣赏。寻找创意的方法有很多，如头脑风暴、自然联想等，它们可以打破思维的局限性，让想象力自由地驰骋，从而带来创新。

（3）在集体合作的过程中，合理的分工和妥善的计划是成功的关键，分工合作更能在预定的时间内更好地完成任务，做到事半功倍。

（三）很难完成的任务

1. 游戏准备。

参与人数：6 人一组

时间：30 分钟

材料：卡片

地点：室内

游戏题目：怎样解决棘手问题？

2. 游戏目的。

（1）培养产生创造性的分析、解决问题的能力。

（2）训练人们在最困难的情况下，利用发散思维，开动脑筋寻找解决问题的方案，完成那些“不可能完成的任务”。

（3）培养学生表达、交流的技巧。

3. 游戏规则和程序。

每组抽签拿一个任务卡。每张卡上写着一件商品的名字以及它应卖给的特定人群。要注意，这些人群看起来应不需要这些商品，可能会完全拒绝这些商品。比如向非洲人销售羽绒服，向不近视的人销售近视眼镜，向光头销售梳子，向大人销售纸尿裤，向女人销售剃须刀等。总之，每个小组面临的挑战都是不可能卖出去的商品。

（1）每个小组应根据任务卡的要求准备一条50秒的广告语，用来向特定人群推销商品。该广告应注意以下三点：

第一，如何才能创造性地打动这些特定人群购买这些商品。

第二，如何才能把该商品与这些特定人群联系起来。

第三，该商品对这些特定人群有何利用价值或该商品能够如何改善特定人群的生活。

（2）每组按上述要求用20分钟写出一个50秒的广告语，注意要有趣味性和创造性。

（3）其他组成员暂时扮演特定人群，认真倾听该小组的广告词，根据广告能否打动他们，是否激起了他们的购买欲望，是否能满足某个特定需求来做出判断。最后通过投票的方式，统计出有多少人会被说服而购买这个产品，有多少人觉得这些推销员很可笑，简直是白费力气。选出优胜的一组，给予奖励。

4. 相关讨论。

（1）为了让你的客户甚至是反对你的人认同并购买你的产品，你需要怎样做？

（2）在推销本组的商品时，你们是怎么分析特定人群和此商品的关系的？你们是否考虑过他们的习惯、需要、想法和价值标准呢？

（3）换位思考，创新思维，逆向思维在我们的生活中是否经常使用？做到这些是否给你带来了好处？

（4）当你的目标和他人的需要不一致时，你是怎么处理的？做这个游戏对你有何启发？

5. 总结。

（1）在这个游戏中，每个人都必须换位思考。首先把自己看成顾客，以顾客的眼光看产品；其次是以特定人群的视角欣赏广告。

（2）在销售中以他人的价值标准和能力为基础，设法实现自己的目标，善于驾驭情商的人能够感动和影响他人。

六、创新文化

所谓创造的能力，就是经过深思的模仿。——伏尔泰

不创新，就灭亡。——亨利• 福特

能正确地提出问题就是迈出了创新的第一步。——李政道

要创新需要一定的灵感，这灵感不是天生的，而是来自长期的积累与全身心的投入。没有积累就不会有创新。

——王业宁

七、电商创新训练计划

把全班同学分成若干个团队，建立各自的销售团队，选择自己团队的销售产品，制定销售方案。对团队中的每一位成员进行分工，规定各自的职责和任务。根据训练要求完成以下内容：

（1）销售产品名称。

（2）销售对象。

（3）销售方式。

（4）盈亏情况。

（5）总结。

以团队为单位，进行模拟销售竞赛，训练同学们打破常规的销售方式，另辟新径，寻找多种销售方式，同时考验团队的沟通、配合以及团结合作意识。

（图片来自千图网）

【思考与训练】

一、选择题

1. 技术创新的动因—过程模式包括(　　)。

A. 纯计划经济体制下的模型

B. 纯市场经济体制下的模型

C. 经济体制转型时的模型

D. 以上三种都有

2. 中小企业在研究开发阶段，应尽量实现技术先进性、生产可行性和(　　)三者的统一。

A. 经济合理性

B. 市场准入性

C. 生活实用性

3. 研究机构或较大企业的研究人员自带研究成果创办自己的独立企业或是以技术入股等方式加入现有企业，这是(　　)。

A. 研究人员创办企业

B. 企业与高校或研究机构之间的合作

C. 企业与企业的合作

D. 企业与研究机构之间的人才交流

4. 企业技术创新的动力来自于环境激励和创新需求，以下除(　　)都属于环境激励的来源。

A. 技术发展　　B. 市场作用

C. 政府推动　　D. 企业家精神

5. 某海外归来的计算机博士欲在政府提供优惠条件的高技术工业园内创办一家自营企业，这种高新技术中小企业通常采用的形式被称为(　　)。

A. 技术转移　　B. 服务创新

C. 衍生公司　　D. R&D 企业

6. 实际生活中，促使技术创新项目成功的因素有多种，如要有较好的市场研究与评价工作，要有充足的技术开发资金，要与宏观产业政策一致，以上这些可归纳为(　　)。

A. 针对客户需求创新、足够的创新资源、与政策环境方面的积极一致

B. 针对客户需求创新、企业领导人的积极态度、与政策环境方面的积极一致

C. 有效的技术开发工作、企业领导人的积极态度、与政策环境方面的积极一致

D. 针对客户需求创新、足够的创新资源、有效的技术开发工作

二、判断题（正确的打"√"，错误的打"×"并加以说明）

1. 创新具有独创性。(　　)

2. 中小企业技术创新侧重于基础性技术创新。(　　)

3. 技术创新目标选择的原则可以使不同行业的所有企业寻找到统一的模式。(　　)

4. 国内外的研究结果表明，成功的创新有以下三个一般特征：(　　)

第一，成功的因素是多方面的；

第二，成功因素具有一般性；

第三，成功是以人为中心的。

5. 中小企业技术创新目标选择的一般原则包括复式目标原则、对内创新和对外创新相结合的原则。(　　)

三、简答题

1. 创新要具备哪些素质？

2. 在电子商务企业中，如何发挥创新思维创造效益？

3. 学习这部分内容后，你有什么收获？

参考文献

[1] 佚名．纵观全球电子商务市场．豆丁网，2013－01－06.

[2] 吴远．我国电子商务发展的历程．网络营销教学网站，2013－10－18.

[3] 佚名．激励的基本原则．道客巴巴，2015－01－15.

[4] 姚本先．大学生心理健康教育．合肥：安徽大学出版社，2011.